CONTENTS

LESBIANA A LOS 40
MANUAL DE SOBREVIVENCIA

«Abre bien los ojos, mira.»

Julio Verne, *Miguel Strogoff*

Los personajes y hechos retratados en este libro son
completamente verdaderos. Cualquier parecido con
personas vivas o muertas, o con hechos reales no son
una mera coincidencia.

La vida no es corta.

Nos parece corta porque la desperdiciamos en relaciones, situaciones y conflictos sin importancia.

Si tienes menos de 40 es muy probable que no entiendas del todo este libro, tal vez porque eres muy joven o tal vez porque te abrazaron de chiquita. No importa, lo que importa es que reconozcamos como de a poco vamos renunciando a ser nosotras y a esos deseos a los que les dimos tanto y que finalmente no nos ayudaron a ser más libres. Ya no queremos volar cerca del sol. El tiempo se llevó todo lo que alguna vez amamos y no curó nada.

Pero más allá de todo esto, lo importante y lo superficial. Más allá de que la vida en sí misma es un conflicto permanente ¿Por qué estamos tan decepcionadas del amor romántico?

En general, las mujeres no estamos acostumbradas a confiar en nosotras. Creemos que la confianza también se trata de los demás, como si fuera un sello de garantía, cuando lo único que nos puede proteger es la confianza en nuestra propia capacidad para lidiar con la decepción.

La confianza en una misma se construye de acciones concretas. La confianza no es algo que nos da alguien más porque no tenemos 5 años. Sin embargo, todo parece estar armado para que nunca nos sintamos del todo seguras. No hay mucho sitio para las mujeres que confiamos en nosotras y que podemos lograr cosas que importan. Estas ideas están tan arraigadas en la colectividad, que incluso las mismas mujeres nos encargamos de mantener a raya a otras mujeres que deciden dejar atrás la sumisión como una herramienta para obtener lo que desean.

Siendo mujeres, nadie nos enseña a amar a otras mujeres. Piensan que amar mujeres es algo sexual o que es algo que únicamente los hombres pueden hacer. Pero ¿qué sería de nosotras sin la admiración y el amor de otras mujeres?

Como ya sabemos, ser lesbiana es muy difíci. La sociedad espera mucho de nosotras. Mínimo que te guste el futbol, que seas fuerte y sexy al mismo tiempo o si ya de plano careces de ambiciones que anheles ser como un hombre.

Los varones gay tienen a su favor que se les relaciona con la alegría, con el buen gusto, los varones gay son percibidos como graciosos, pulcros, divertidos, en la imaginación de la gente son cantantes, bailarines, decoradores, estilistas … En fin, personas con talento para muchas cosas.

Las lesbianas tenemos un problema de representación.

¿Cómo es ser lesbiana después de los 40?

Es ser invisible. Porque se siguen escondiendo y porque la sociedad no está interesada en lo que nos pasa. Nos ponen con las feministas o con la gente trans y a veces una simplemente es una señora medio de derechas que va pasando por la mediana edad como se puede.

La mayoría no tenemos hijos, tenemos negocios, deudas, empleos, padres enfermos y todavía nos queremos enamorar. Somos románticas. Somos capaces de ver una pelicula o una serie malisima completa porque una mujer le tomó la mano a otra y queremos saber cómo termina (Spoiler alert: Siempre termina mal). Nos conformamos con lo que sea. Además, todo lo que nos ofrece el arte y los medios está hipersexualizado cuando se trata de nosotras.

Pero lo seguimos intentando. Tal parece que tienen razón. Las mujeres nacimos con un problema: Estamos a medio hacer y se entiende que nuestra única preocupación debería ser encontrar a alguien que nos complete. Bien raro, porque yo nunca he escuchado que a los hombres les digan que el propósito de sus vidas sea enamorarse o tener hijos. El objetivo de sus vidas es ser exitosos.

Pero a esta altura de la vida a todas ya nos hicieron algo. Es muy difícil encontrar a alguien ya no digamos cuerda, alguien con quien se pueda negociar.

Si todavía quieres enamorarte, pero parece que naciste divorciada. Si sientes que ya no entendiste nada, si abandonaste tu lado poderoso para arrancar por el lado de ser linda y comprensiva y te fue peor. Este libro es para ti.

Mi intención no es venir a predicarles el amor propio. Este libro no es de autoayuda. Autoayuda sería decirte que bebas más agua o que te cuides los dientes.

Esta es una invitación a cuestionar las ideas que tenemos acerca de las relaciones porque, si dejamos de poner en los demás la responsabilidad de hacerse cargo de nuestra satisfacción emocional, podremos disfrutar realmente nuestras relaciones y tendremos más espacio para dedicarnos a lo que sí importa. A nuestras metas y objetivos personales.

Vamos a cuestionar toda esa narrativa de telenovela que nos hace no solo poner al amor en el centro de nuestras vidas, también nos obliga a buscar en alguien más, en una desconocida, todo eso que necesitamos.

Los acuerdos acerca del amor son cosas que por lo general no revisamos, porque en el fondo, una siempre piensa que la felicidad está por allá, en consolidarnos como la prioridad para alguien más sin ser la prioridad para nosotras mismas.

Emprender la búsqueda de una pareja es algo muy importante, pero es como todo. Hay que comenzar por definir qué es lo que quiero y cuanto tengo que invertir. Necesitamos las herramientas correctas para hacer esta labor. Este libro parece que se trata de cómo ser atractiva para otras mujeres, de cómo mantener una relación, pero eso solamente es una excusa para que articulen su vida desde lo que se genera cuando dejamos de buscar aprobación y nos dedicamos a nuestro propio crecimiento.

Debes estar dispuesta a pensar de otra manera. Seguramente será difícil entender que esta persona que eres, a pesar de que te trajo hasta aquí como pudo no puede seguir adelante adónde vas.

Este no es un libro con historias de amor. No son historias de superación en las que después de sufrir un montón finalmente resulta que tuve una epifanía y me convertí en una lesbiana nivel ninja. Es un compilado de los peores errores.

La vida es como las aplicaciones o como el sexo la primera vez. Te muestra un poquito de algo y se termina la prueba gratis. Entonces comienza a cobrarte por todas y cada una de sus enseñanzas. Así que por todo esto que puse aquí yo ya pagué. Únicamente tienen que ponerlo en práctica.

Para mí, ser lesbiana fue raro. Cuando eres homosexual todo está atravesado por eso. Es ese puño de glitter que te avienta la vida a los ojos y que se pega en todo lo que eres y en todo lo que haces y que hasta te puede dejar ciega. No soy ejemplo del orgullo gay. Me siento muy orgullosa de mí pero nunca me sentí orgullosa de ser lesbiana. No encontré lugar para mí en ese orgullo. Tal vez nunca fui muy lesbiana, no como mis amigas. Yo siempre quise abandonar este culto. Pero aquí les dejo esta liturgia, este catecismo, el mío.

EL VALOR

¿Te ha pasado que no te importa no ser feliz si los demás si lo son?

Como soy solidaria y generosa, no era difícil para mí aportar valor a las relaciones resolviendo problemas o haciendo todas esas cosas que se supone que se hacen en nombre del amor. Tenía las necesidades mal acomodadas. Para mi primero estaban siempre los demás. De tal suerte que yo he cargado con suegras enfermas, he mantenido cuñadas y padres, he regalado departamentos, he impulsado carreras, he pagado cirugías plásticas y agradezco que de milagro o más bien gracias a dios nadie necesitó un órgano alguna vez.

Años de ser fiel hasta con el pensamiento. Años de ir perdiendo mi valor para agregárselo a alguien más. Años remando y preguntándome secretamente por qué no me valoraban si yo era una persona sincera. Años sin que nadie me preguntara yo qué quería.

Pensaba que quería enamorarme, pero lo que realmente necesitaba era aceptación.

Todos necesitamos aceptación. Las mujeres crecemos

buscando aceptación. El problema es de donde lo tomamos, en dónde estamos poniendo nuestro valor para obtener esa validación. Si el valor de una mujer está únicamente en que es bonita, entonces ese valor no se va a mantener como una constante a través del tiempo. Esa mujer necesitará agregar valor de otra parte para seguir negociando en esta bolsa de valores que es la vida real.

Supongamos que en una escala imaginaria de valor social yo soy un 4. Mi responsabilidad conmigo misma me obligaría a incrementarlo para terminar este año por lo menos en 5. ¿Qué acciones voy a emprender para incrementar mi valor un punto? ¿Qué harías tú para agregarte valor?

Cada acción que haces por ti es la construcción de esa persona a la que todo le sale bien. Esto no es de un día al otro así que sí estás esperando ser mejor cuando las condiciones sean las adecuadas para comenzar, no vas a poder comenzar nunca.

Esto es algo que debes trabajar toda la vida. No es algo que haces cuando tienes tiempo o cuando estás de humor o cuando te va bien o hasta que consigues un objetivo. Eso sería tan absurdo como pensar que vas a ahorrar cuando te sobre dinero.

No es como que ya tienes una pareja y puedes sacar la panza del alma. Si sacas la panza del alma, si te relajas asumiendo que ya lo lograste, vas a perder. La relación nunca es tierra conquistada.

No eres especial. Necesitas seguir siendo atractiva para

la otra persona porque de lo contrario, desde el puro afecto las relaciones dejan de ser emocionantes y avanzan hacia la amistad y el cariño.

Tampoco es que la atracción sea un tema de dinero o de belleza física. Es como proyectas tu valor lo que te convierte en una persona atractiva.

Ahora bien, la hipergamia es una característica femenina que nos lleva a tener preferencia por personas valiosas.

Significa que la evolución hizo que las mujeres tengamos preferencia por personas que son atractivas y exitosas.

Así como ciertos varones se sienten atraídos por mujeres con características físicas, que las hacen parecer "fértiles", es por hipergamia que a las mujeres no nos atraen las personas que consideramos débiles o poco aptas y que estamos condicionadas para competir entre nosotras por la atención del mejor candidato para reproducirnos, por el mejor proveedor, por los mejores genes. En resumen, por esa persona que todas las demás desean.

No es que las mujeres seamos "interesadas". En la antigüedad, era imposible que las mujeres nos mantuviéramos a nosotras mismas. Los matrimonios no eran por amor, eran arreglados porque no teníamos opción. Necesitábamos estar seguras y ser protegidas por nuestro bien y el de nuestra descendencia. Mera selección natural.

Si bien el valor que nos asigna la sociedad puede encontrarse predeterminado por la educación, el aspecto físico, el talento, la edad, el intelecto, la familia, la salud, el dinero o el poder. El valor personal es algo que se puede construir.

El éxito en nuestra profesión, el éxito en nuestras relaciones de pareja, cómo nos vemos, el éxito en los negocios, lo que decimos, las amistades que nos rodean. Todo en nuestra vida es la expresión de ese valor.

Ser conscientes de la importancia de mantener nuestro valor y trabajar duro en él, es el camino para tener una vida plena y para ser libres. Por lo tanto, tu atención debe estar puesta en incrementar ese valor todos los días porque eso colocará tu vida en el mejor lugar y de paso, te convertirá en una persona más atractiva. Todo lo que deseas sucederá si dejas de esconderte y de victimizarte, si dejas de tener la atención puesta en lo que sucede afuera en lugar de enforcarte en ti misma.

Hay gente que así como nace se muere sin haber trabajado en sí mismos jamás; que aceptan sus defectos y debilidades con indulgencia, aferrados a maneras de ser obsoletas y egoístas que no solo no les funcionan para la vida ni les hacen felices. Hacen infelices a otras personas.

Recuperar nuestro valor e incrementarlo todos los días literalmente es como sacarse la lotería. No se trata de convencer a los demás de que eres algo que no eres. No se trata de mentir, de manipular o de engañar ni de ser arrogante. El valor personal no puede ser falso, no es algo que simulas. La seguridad en uno mismo no es algo que puedes actuar. Se trata de adquirir todas esas cualidades que consideras valiosas y aprender a cuidar las que ya tienes.

Menospreciarte es un habito que como todos los malos hábitos se elimina adquiriendo buenos hábitos. No luchando con estos sentimientos y pensamientos recurrentes. Cuando quieras eliminar un mal hábito, construye nuevos hábitos positivos y desaparecerá por sí solo.

También puede ser que la intención de recuperar tu poder perdido te cause problemas en un principio. No te acobardes, todo pasará, no te disculpes nunca por querer ser mejor para ti.

No voy a decir que te empoderes porque me parece que ya bastantes cosas tenemos que ser las mujeres para tener que ser además personas empoderadas. Les dicen que se empoderen, pero no les dicen cómo.

Una persona empoderada, una líder real, no maltrata a los demás ni abusa de su posición o de su conocimiento. Las personas valiosas no se molestan por cosas sin importancia. Valoran los sentimientos de los demás, cuidan de las personas que tienen alrededor siendo generosas y sobre todo no están con la atención puesta en la validación de los otros.

No es que hagas como que no te interesa. Literalmente te va a dejar de interesar la validación de los demás porque si no lo haces así siempre vas a vivir a merced de tus emociones y del impulso de encontrar gratificación inmediata buscando aceptación haciendo cosas que a la larga te van a hacer sentir mal contigo misma.

Esto es como les estoy diciendo. Si no estás dispuesta a hacer este trabajo y prefieres creer que el universo "te manda cosas" porque haces afirmaciones como si al universo le interesaran tus carencias y tus tiempos perfectos, cierra este libro porque aquí no es.

Esto se trata de hacer. Nadie aprende a nadar leyendo un manual acerca de cómo nadar. Se trata de ser mejor y de saber proyectarlo. No hay de otra, lo siento. Yo ya probé de todo, de muchas maneras, ya fui super buena y servicial, egoísta, generosa, ya me enamoré, ya me victimicé y me sacrifiqué y me borré para que otras personas pudieran brillar. Ya regalé dinero y atención y amor. Ya fui una "buena mujer" de esas que lo aceptan todo. Pero nunca ponía atención en lo que realmente importaba: Las ideas que tenía acerca de mí.

Ya me puse aquí yo misma como ejemplo con algunas de mis desventuras y tú tienes las tuyas y tus amigas las suyas, y así se va construyendo esta novela de terror acerca de lo que es vivir atravesadas por esta idea de que no valemos lo suficiente para poder compartirnos cosas buenas. Dejen de aceptar porquerías y mucho menos se las queden por favor.

En esta vida lo único fácil es engordar. La vida no es algo que nos pasa, la vida es lo que hacemos activamente con ella todos los días, construyéndola con nuestras decisiones. El trabajo de mejora en una misma tiene una garantía del 100% de efectividad y nada en este mundo tiene una garantía del 100% de efectividad. Comencemos ya, vamos.

SER UNA COUGAR

Como ya sabemos, la cougar es una mujer que suele relacionarse de manera romántica con personas mucho más jóvenes que ella.

Cada vez se es viejo más pronto. Ahora se sienten viejos después de los 30 y todavía no llegan ni a la mitad de la expectativa de vida que se supone que pueden llegar a tener. Así que me parece que en realidad, lo que hay es cansancio. Cansancio por lo mal que se vive actualmente.

¿La cougar es vieja? No necesariamente, pero la condición de cougar nos pone en un lugar muy raro porque amamos desde aquí, desde quienes somos ahora, pero sintiéndonos las mismas de siempre. Quizá más conectadas con la vida real, pero ancladas en una idea de nosotras mismas que ya no existe.

También tienes derecho a creer que no, que tú has desandado esas ideas, que vives la edad que tienes con naturalidad y que tus relaciones con personas más jóvenes son una casualidad o que es el destino. Es lo mismo.

¿Se puede ser una cougar y enamorarse? Yo creo que no.

Esas ideas acerca de que la edad es únicamente un número, que una se enamora de los valores del otro y de sus acciones y que realmente la diferencia de edad no importa son una mentira.

La asimetría que existe entre la cougar y la más joven no nos juega a favor a nosotras. Siempre tenemos que cubrir esa brecha que no tiene que ser únicamente económica, puede incluso ser intelectual o moral.

Además, la verdad es que una queda a los ojos de todo el mundo, como una especie de vieja pervertida que está deslumbrando a alguien más joven abusando de su inocencia, cuando yo no conozco a nadie que al involucrarse con alguien más joven, no haya quedado con secuelas serias en su autoestima o medio hecha mierda cuando termina la relación. Estas cosas pasan, por lo tanto, si te gustan más jóvenes ten en claro ciertas cosas.

TODAS LAS RELACIONES SE TERMINAN y cuando tu romance es más joven que tú únicamente es cuestión de tiempo para que se enamore de alguien de su edad o de quien sea. No porque te diga que te ama significa que va a cerrar tus ojos cuando hayas muerto.

NO PAGUES CIRUGÍAS PLÁSTICAS NI POSGRADOS. Son algo que nunca disfruta quien los paga.

NUNCA LE CONSIGAS TRABAJO. Esta es una prueba muy dura. Tienes las relaciones y quizá podrías pedirle a ese amigo tuyo tan exitoso que contrate a tu novia fotógrafa en su agencia de publicidad. Esto parece una magnífica idea, pero únicamente en tu cabeza. Recuerda que el "yo nunca te pedí nada" está a la vuelta de la esquina y tendrá razón porque cada uno es responsable por lo que da sin que se lo pidan y porque el amor es la motivación más pura pero también la más ingenua. Dale dignidad, que nunca quede como una malagradecida.

NO DES POR HECHO QUE A TI NUNCA TE VA A PASAR porque a todas nos va a pasar, sí tenemos suerte vamos a envejecer y está bien. Está bien ser una cougar.

HIGHLIGHTS

El secreto para ser una Cougar exitosa y esto me parece que funciona con cualquier relación es el siguiente: NO OFREZCAS ROMANCE, OFRECE DIVERSIÓN Y EMOCIONES POSITIVAS.

LA ACTRIZ

Todas las personas que se dedican al arte, todas las personas con talento para algo (real o imaginario) de una u otra manera se sienten especiales. Si has decidido unir tu voluntad con alguien que se encuentra en condición de éxito y fama (real o imaginaria) debes aceptar que esta relación no será la protagonista de esta historia. La protagonista es y será siempre la carrera.

Después de un casting con poca ropa tuve la suerte de ser considerada parte de este elenco por algo así como 600 capítulos.

En esa época yo creía que el amor era dar. Dar tiempo, atención, cuidado, paciencia, dinero, etc.

Por supuesto que yo no pensaba en demostrar fortaleza, valor y seguridad diciendo que no a cualquier cosa que ella deseara, cuando a decir verdad ninguna relación sana se construye con puro si. No sabía que los cumplidos son algo que hay que utilizar con cuidado y en momentos específicos justamente para que sean especiales y valiosos por su rareza. Ah no, ahí estaba yo dándolo todo en el escenario.

Todo estaba saliendo como en las telenovelas. La hermosa actriz y yo nos enamoramos. El romance estaba en marcha así que comenzamos a vivir juntas muy pronto.

Era tan feliz que daba de todo y de más, y lo que ella hacía era recibir todo esto sin dar nada porque sí algo hacia legítimo este amor era todo lo desinteresado y puro de este vínculo. No se trataba de un sucio intercambio cualquiera.

Sin embargo, en lugar de que esto fuera positivo para la relación se fue convirtiendo en una muestra de debilidad tras otra y por supuesto la relación comenzó a enfriarse porque a ninguna mujer le atrae la actitud de servicio. Una mujer puede apreciar mucho a un sirviente, pero nunca lo va a admirar.

Ya no conectábamos como antes porque estaba muy dedicada a evitar que tuviera cualquier problema y eso solo le provocaba aburrimiento. Nada más aburrido que ser más buena que Forrest Gump y lo sabemos porque somos mujeres: Una mujer aburrida es casi siempre una mujer infiel.

Las mujeres nos queremos enamorar. Buscamos esa sensación. Pero nos enamoramos por hipergamia de quienes nos provocan emociones positivas, de esas personas que ni siquiera nos voltean a ver. Nadie se mantiene enamorada de alguien que le da apoyo emocional constante, de alguien que le demuestra con acciones que ella es más valiosa.

En cuanto más confianza menos misterio y menos

atracción. La ecuación que enfría cualquier romance.

¿Cuántas veces deseaste tener una relación con esa persona que de verdad te gustaba pero que nunca te hacía caso? Todas lo hemos vivido. Sabemos que el ser una persona que no regala su atención funciona. Piensa en esa persona que te encanta y que te ignora, en las cosas que te atraen de ella y contrasta esto con tu manera de ser. ¿Cómo te hubieras sentido si esa persona te hubiera sorprendido con un mensaje algún día? Te aseguro que lo recordarías. Es así como nos gusta sentirnos a las mujeres.

Una persona que sabe generar emociones en el otro no te va a buscar todos los días, no te va a regalar flores ni cumplidos ni a sobreactuar amor romántico porque no necesita esa atención. No te dice que eres guapa y perfecta a diario ni mucho menos va a hacer todo lo que quieres.

Pero regresemos a la hermosa actriz. Le gustaba mucho recibir la atención que yo le daba, pero como nos pasa a todas, seguía buscando la atención de alguna persona emocionante que le diera más validación y la hiciera sentir deseada porque le era más gratificante estar con alguien con esas características. Esto nos pasa a todas, todas necesitamos no dejar de sentir emociones positivas. Eso es lo que nos mantiene en la relación.

Hasta aquí ya tenemos una idea acerca de porque hay mujeres que están enamoradas de personas que parece que las ignoran. A las mujeres no nos gusta que nos traten mal. Lo que nos gusta son los retos, lo que nos gusta es conseguir la atención específica de esa persona <u>porque no nos la está regalando</u>.

Disfrutaba de la vida que compartíamos pero ella ya no le daba importancia porque como yo <u>lo hacía siempre</u>, ya era normal que esto fuera así.

Comencé a percibir que se estaba alejando, así que adivinen … Si claro, pensé que TENÍA QUE DARLE MÁS DE TODO EN LUGAR DE MEJORAR YO. Así que la llenaba de atenciones y consideraciones y romance eliminando por completo la posibilidad de mantener su interés.

Las mujeres no nos enamoramos cuando recibimos más atención, al contrario, a las mujeres nos aburre el exceso de atención.

Estoy segura de que en esos momentos en que se veía a escondidas con otra persona, sentía más cosas que conmigo que tenía dos años siendo su fan.

Esa persona ni siquiera era alguien con un estilo de vida mejor. Era alguien que le hacía sentir otras cosas que la mantenían en ese estado de expectativa que generaba en ella interés y deseo por estar con él.

Todos los días me decía que me amaba entonces la motivación se mantenía, pero ya comenzaba a sospechar que lo que nos estaba sosteniendo eran únicamente las cosas.

Así que, como a pesar de todas mis dudas le seguía dando amor ella comenzó a pensar que si le daba tanto amor y la trataba de esa manera, eso quería decir que ella tenía que estar con alguien mejor que yo.

Entonces la hermosa actriz ya no está pensando en mi hace mucho mucho tiempo. Se está contando a sí misma una telenovela en la que ella tenía un amor imposible y la villana de esta historia era yo que la amaba y tenía años demostrándoselo, pero que en mi nueva condición de obstáculo evitaba que estas dos personas que se amaban tanto estuvieran juntas. Así que mataron a mi personaje.

HIGHLIGHTS

Ella decía que siempre estamos actuando. Porque de lo contrario seriamos la misma persona con todos los que nos rodean todo el tiempo y no es así. Uno siempre está actuando para alguien. No aburramos actuando de nosotras todo el tiempo.

ENVEJECER

Tengo una amiga que dice que cuando era niña creía que con el tiempo se iba a convertir en un hombre. Su padre trabajaba en el campo y le gustaba acompañarlo. Dice que le decía "cuando sea hombre te voy a poder ayudar más" bueno esa metamorfosis no ocurrió. Lo sí ocurrió fue que nos transformamos en señoras.

Como ya sabemos a la sociedad no le gusta que una siga viva después de los 40. Se piensa que si tuviste la desgracia de llegar viva hasta aquí, sabrás que lo principal es que no debes representar la edad que tienes. No importa que Mike Jagger exhiba su anciano rostro sin pudor en las revistas a sus 70 años.

Como mujer siempre debes hacer todo lo posible por aparentar menos edad de la que tienes. Parece que debes permanecer delgada y atlética al costo que sea y si no puedes, la verdad no se entiende como alguien pudo amarte alguna vez dando muestras de tan poca voluntad.

A los 40 aún se es joven, pero con algo más de experiencia. Una ya más o menos sabe dónde están las arenas movedizas, por donde es mejor no ir y ya sabes cómo terminan casi todas las cosas.

Lo que hiciste ya lo hiciste. Ya sabes que no vas a ser astronauta y que no te vas a ganar la lotería. Ya entiendes los deseos y que todos los comienzos vienen acompañados de un adiós.

Ser homosexual y ser viejo puede ser muy duro, sobre todo si no ahorraste antes que para un asilo, para viajar a esos países en los que la eutanasia es legal y te ponen todas las drogas mientras ves videos de perritos y te entregas a lo que nos espera. Que sea lo que sea, siempre será mejor que terminar dedicándose a los sobrinos.

HIGHLIGHTS

No envejezcas nostálgica.

LAS EX

La mejor ex es la que no existe. La que no llama, la que no habla mal, la que no te lee en ningún lado, la que no busca tus fotos para ver con quien sales. Ser una buena ex es otro don de personas educadas.

Las ex que son amigas a mí me dan mucha curiosidad. Tengo la teoría de que cuando estás en una relación y el sexo es digamos "normal" y la relación no funciona, pueden seguir siendo amigas. Pero cuando el sexo es increíble y salvaje y la relación no funciona es muy muy difícil seguir siendo amigas.

No recuerden feo, pero si no lo pueden evitar tampoco sientan culpa.

Tal vez, sí pudiera darme un consejo a mi yo del pasado este sería: No hay que sentir mucho. La felicidad finalmente es algo para experimentarse pero no para tenerse.

Tengo la teoría de que todas las personas de las que nos enamoramos y nos desenamoramos son la misma persona. Todas tenemos una lista de cualidades que nos gustaría que tuviera esa pareja perfecta. Con el tiempo le vamos agregando o quitando cosas, pero siempre es más o menos lo mismo.

Un día leí que cuando nos preguntamos cómo nos gustaría que fuese esa persona de la que quisiéramos enamorarnos, siempre deseamos que sea alguien que comparta nuestros intereses, nuestras ideas, nuestros deseos. Que piense como yo, que le guste lo mismo que a mi ... Porque en realidad no soportamos que el otro sea el otro y amamos al otro en tanto el otro es como nosotros. Bueno pues esta especie de endogamia del mal está en todas partes. Aceptemos que no somos la medida de todo. No esperen que el mundo se adapte a ustedes, no lloren, no echen culpas. Ya estamos grandes.

HIGHLIGHTS

Procuren no odiar aquello que algún día amaron.

LA TERAPIA

Como podrán notar, a mi tantos años de terapia no me sirvieron para nada, pero me doy cuenta de que hay una especie de imposición de estar bien que flota en el aire.

Nadie es poseedor de la verdad absoluta. A las lesbianas el psicoanálisis nos interpreta desde la envidia, desde la usurpación. Aunque por ahí y lo que una quisiera tener son los privilegios de los señores y no un pene.

Aun así, amo al psicoanálisis. Es como el judaísmo, mucho libro sagrado, muchas ideas reveladoras y hasta hay ortodoxos.

A los seres humanos nos encantan las certezas. Evita ser autocomplaciente. Aunque una con la edad busca acomodarse en ciertas ideas porque dan paz, si te atreves a cuestionarlas siempre tendrás un punto de vista nuevo. Hay algunas que por más que una sabe que no son nos ayudan a vivir, pero escríbelas, escribe en una hoja todas tus creencias y destrúyelas con argumentos.

Investiga si es necesario. Vale la pena dedicar tiempo a cuestionar todas las patas que sostienen nuestra realidad. Y sobre todo, vas a descubrir algo muy divertido. Te vas a dar cuenta de que si dudas de lo que tu misma has decidido creer, con más razón debes dudar de lo que los otros opinan. Este es otro paso para que te deje de interesar lo que piensan las personas que viven sin cuestionarse nada.

Yo tengo la vida de un personaje principal. Cada vez que tengo la necesidad urgente de cualquier cosa ocurren milagros que me ayudan a salir adelante. Me han sucedido tragedias horribles, conozco a personas increíbles, soy muy querida y muy odiada, toda mi familia está muerta, mis romances son inusuales, he estado a punto de morir y me suceden las cosas más increíbles todo el tiempo.

Como soy personaje principal, mis enemigos son de los de adeveras. No la vecina que de pronto no te saluda o la compañera de trabajo que te envidia y esparce rumores acerca de ti. No, a mí me odian otros personajes principales que desean mi muerte directamente.

En esta vida me han traicionado de las maneras más viles, me han vendido hasta personas de mi familia. He confiado en las personas más abyectas, lo he perdido todo y de la nada he regresado. Así que ¿cómo me vienen a hablar de perdón a mí?

Ve a terapia. Ser feliz es una decisión. Todo lo que sucede en nuestras vidas es el resultado del concepto que tenemos de nosotras mismas y esto es nuestro destino.

Sinceramente, ¿Harías equipo con alguien que se niega

a mejorar? ¿Harías equipo con alguien que sabes que ya no te va a ofrecer nada nuevo en el futuro?

Nuestras creencias nos acercan o nos alejan de lo que necesitamos para ser felices. Tener estabilidad emocional es fundamental porque es muy probable que las personas que amamos nos decepcionen. Asegúrate de estar preparada.

HIGHLIGHTS

Todas somos protagonistas de nuestra vida, pero no podemos pretender serlo en la vida de los demás. ¿Por qué tus sueños tendrían que ser más importantes que los suyos?

LA JUEZ

Sentirse especial ya es nada al lado de sentirse iluminada. Esta mujer es muy importante y tenía un deseo tan grande por triunfar que ese deseo la terminó destruyendo, porque los deseos deben servirnos a nosotros y no al revés. Pero ese será algo que quizá aborde más adelante.

Trabajaba tanto y ambicionaba tanto que llegó un punto en el que hasta yo fui poco, su familia y sus amigos eran poco.

Nos conocimos muy jóvenes. Comenzamos juntas en esto de salir al mundo. Aquí hago una pausa para hacer la siguiente reflexión: Creo que yo debí quedarme ahí y casarme con ella y darlo todo por mantener ese matrimonio como hicieron nuestras abuelas. Porque su mayor defecto era que trabajaba mucho y que no tenía tiempo para la relación. ¿Qué importaba que no tuviera tiempo para la relación? ¿Tan importante me creía?

Esta mujer iluminada disfrutaba presumiendo su relación conmigo, pero no estaba dispuesta a darme un lugar a su lado.
Yo era la amiga que la acompañaba a misa, la que estaba

invitada a la navidad con sus papás, la que iba con ella a los congresos, la que iba con ella al súper cuando las amigas nunca hacen el súper juntas.

Todo se trataba de ella y yo lo aceptaba porque no me interesaba tener tanta atención sobre mí. No entendía que lo que realmente le estaba comunicando era que estaba aceptando que yo valía menos.

Se amargó mucho cuando la dejé, pero ahora vive en la cima del éxito. Logró todo eso que quería. Supo cumplirse todas sus promesas.

Esto es muy importante, cumplan las promesas que se hacen a sí mismas. Necesitamos crear un montón de recuerdos de nosotras triunfando porque eso refuerza mucho la buena opinión que tenemos acerca de quienes somos y nos ayuda a respetarnos. Con lo que le cuesta a una respetarse las decisiones.

Trabajar mucho no es un defecto, tener ambiciones es algo muy bueno. Pero si trabajas mucho, reconoce que una parte de tu éxito es de la persona que te soporta y que vive contigo todo eso que te pasa.

Todas las relaciones tienen una polaridad. Cuando preguntan "quién es el hombre" bien sabemos que precisamente esto se trata de que aquí no hay hombres, pero si te toca contener a tu pareja, encargarte de la casa o apoyar sus proyectos valora si vale la pena invertir en un futuro en el que puedes no estar incluida.

Un día me pidió un tiempo y se lo di de una vez y para siempre. Vivimos juntas nuestras pobrezas de juventud y ahora comparte su riqueza y sus influencias con alguien más. El verdadero una nunca sabe para quién trabaja.

HIGHLIGHTS

Más vale tener esposa que tener la razón.

LOS PRINCIPIOS

Hace tiempo tuve una relación con alguien a quien yo le llevaba más de 10 años. ¿Qué importaba lo que la gente pensara? Si me preguntaban que éramos yo siempre respondía que éramos un equipo.

Aquí sucedía un fenómeno increíble, ella era como un personaje de Toy Story. Cuando yo entraba a la casa siempre estaba sentada en silencio y cuando yo me iba hablaba con todas las lesbianas de Twitter, Instagram, Facebook y Tinder.

Además de ser mi pareja era mi mejor amiga.

Yo seguía dándolo todo, creyendo cuando me decía que quería lo mismo que yo, ocultándole el valor de todas mis acciones para evitar que se sintiera insegura. Actuando de forma irresponsable conmigo misma, resolviendo todo en la inmediatez como si fuese una adolescente embarazada. Llenándome de deudas porque ella nunca podía aportar nada. Tal vez yo tampoco era feliz, pero por lo menos entendía que no era su culpa.

Así que, aunque esto claramente no me había funcionado en el pasado, yo seguía comportándome igual porque erróneamente creemos que por ser otra persona el resultado va a ser diferente, sin entender que es lo que hacemos y no las personas, lo que cambia el curso de las relaciones.

Un día, después de años de vivir juntas me dijo que ya estaba en una relación con alguien más. En ese momento borró todo rastro mío y comenzaron a publicar todas sus fotografías juntas.

Además de tener que lidiar con el dolor de la traición, de un día al otro lo perdí todo. Ya no tenía casa ni perro ni familia ni a donde ir, y me parece que nunca antes cuestioné tanto mi valor personal como en esa época. Pensaba que no valía porque había hecho lo mejor que pude y no había sido suficiente. Y no es que no era suficiente, más bien fue demasiado.

A simple vista parece obvio que no me quería, pero las cosas negativas que suceden entre las personas poco tienen que ver con el amor. Por ejemplo, vas por la calle encontrando desconocidos. Tú no quieres a esas personas, ni siquiera te interesan; sin embargo, no serías capaz de robarles o de hacerles un daño irreparable. Es un asunto de moral y la moral no tiene edad. Tener solvencia moral es ser digno de confianza, es mantener una conducta digna sin estar obligado a ello, es esa ética que necesitamos para seguir viviendo.

Mientras que los valores morales son muy subjetivos, los principios son universales. Es importante establecer cuáles son nuestros principios y actuar apegadas a ellos.

Actuar con principios incrementa nuestro valor y nos hace sentir dignas. Nos mantiene a salvo hasta de nosotras mismas. Sí las consecuencias de nuestras acciones no son las que esperábamos, sabremos que actuamos de una manera correcta.

Me pasaron cosas horribles a raíz de esta relación porque deposité en ella no solamente todo lo que era, sino todo lo que tenía en lugar de seguir invirtiendo en mí.

Es egoísta darlo todo. Cuando damos de más únicamente nos estamos escuchando a nosotras mismas. Buscamos la gratificación que sentimos cuando damos, sin tomar en cuenta lo que la otra persona necesita para ser feliz en la relación. Nadie es feliz viviendo las fantasías del otro.

El respeto es más importante que el amor. Si amas a alguien, si de verdad te importa, no permitas que te dé de más para que te siga gustando y piensa en cómo podrías contribuir al propósito de vida de esa persona sin dejar de poner atención en tu propio viaje.

No entendía que había hecho mal. Yo solo quería sentir que alguien era feliz conmigo. Así que comencé a refugiarme en estas mentiras que nos decimos acerca de que no era la persona para mí, que yo debía seguir actuando igual y que algún día la vida me premiaría y encontraría a alguien y que ella si me iba a valorar porque sería la mujer correcta.

La única mujer correcta para invertir tu tiempo y todos

tus recursos eres tú porque eres la persona con la que vas a pasar el resto de tu vida.

Yo estuve ahí. Sé de lo que hablo cuando de estar hundida se trata. Sé que no podemos cambiar las cosas que sucedieron en el pasado, pero podemos dejar de anhelar las cosas que no obtuvimos en el pasado y comenzar a construirlas en el presente.

Porque ¿saben? Ella, en todos esos años no hizo nada con la intención de hacerme feliz, ni un solo detalle. Yo construí esa mentira con mi voluntad y con mi esfuerzo y no había ninguna razón por la cual no pudiera ser feliz sin ella.

Yo lo había creado todo.

La Pasión

Salimos del amor
como de una catástrofe aérea
Habíamos perdido la ropa
los papeles
a mí me faltaba un diente
y a ti la noción del tiempo
¿Era un año largo como un siglo
o un siglo corto como un día?
Por los muebles
por la casa
despojos rotos:
vasos fotos libros deshojados
Éramos los sobrevivientes
de un derrumbe
de un volcán
de las aguas arrebatadas
Y nos despedimos con la vaga sensación
de haber sobrevivido
aunque no sabíamos para qué.

Cristina Peri Rossi

EL DESAMOR

El amor romántico es esa anestesia que nos tiene entretenidos porque frente a lo dura que es la vida, esto te ubica porque es lo que te importa. Es alguien que tiene un nombre y la verdad es que es tan grande todo lo que sentimos que nos reduce mucho la angustia que tenga nombre porque todo lo otro no tiene nombre, es ser persona.

Todo lo que damos por sentado nos alivia mientras consume nuestra vida. Pero que bien nos hace dar cosas por sentado. Qué importa si son imposibles.

Si decidimos ya no ser más lo que éramos, lo que deseábamos, eso no quiere decir que tengamos que dejar de ser personas. Si bien la responsabilidad afectiva es con una misma, porque una no es responsable de los sentimientos de los demás. Si se mostraron interés y alguna vez sentiste algo, hazle saber que no se estaba imaginando cosas, que en ese momento deseabas que se sintiera así.

Todos estamos escapando. Todos queremos salir de lo que nos duele, pero tenemos que revisar que es eso que nos hace querer a alguien que no está interesada en nosotras.

Cuestionen que ponen al centro. No se relacionen nunca desde la necesidad. No se anclen en dinámicas para agradarle al otro. Tengan sus propias metas, que sean distintas a tener una pareja. Tengan un propósito. Porque si, ya nos dimos cuenta de que la vida no tiene ningún sentido, pero eso es maravilloso porque cada uno le puede asignar el que prefiera.

Para la mayoría de las personas es muy difícil aceptar que no hay interés de la otra parte. Nos da por imaginarnos que las señales son confusas o que quizá ahora no, pero más adelante sí, porque pensamos que en ese futuro que quizá nunca llegue, ahí si vamos a ser felices.

No pospongas la felicidad. El sufrimiento no te hace más merecedora de las cosas. No se supone que por cada cosa buena que tienes tengas que pasar por 20 cosas malas.

Si sientes que no eres quien quieres ser eso está bien. Ahí es cuando vas a sentir la necesidad de comenzar a trabajar en ti, porque si no, nunca vas a creer del todo cuando te digas a ti misma que eres valiosa y por lo tanto, vas a seguir sufriendo por las mismas cosas del pasado.

Esta nueva vida va a requerir que renuncies a tu vida anterior. Tienes que entender que eso a lo que te aferras era de la persona que fuiste, estos apegos ya no tienen nada que ver contigo porque ahora estás dejando todo eso atrás por tu bien.

Recuerda que siempre vamos a buscar lo conocido. Aunque supongamos que estamos en un proceso de mejora, en realidad estamos tratando de encontrar aquello a lo que ya estábamos acostumbradas. Esto es normal, no lo vivas como un retroceso y sigue adelante. La nostalgia es parte del proceso.

Trata de moverte hacia el futuro de golpe. La vida se trata de resultados no de intenciones. Se trata de ser mejor, no de ser agradable. A nadie le interesa por qué eres como eres. Esas son únicamente justificaciones que estás inventando porque te da miedo asumir la obligación de cambiar.

Recuerda que tú eres tu primera responsabilidad. Llena tus pensamientos con ideas que te hagan bien porque de la calidad de las emociones que generamos, será la calidad de nuestra vida. Las ideas son la base sobre la que está construido todo lo demás.

Es un acto de justicia dejar de aceptar una vida que no queremos tener. Si subes el nivel de los deseos te vas a dar cuenta de lo poco que estabas dispuesta a recibir. Desear la atención de otra persona es desear muy poco.

Haz las cosas de manera generosa. Si no están dispuestas a ir hasta allá está bien. No a todos nos alcanza la gasolina para llegar adónde van los otros, pero hay que decirlo. Tampoco lleven sus traumas y sus heridas a las relaciones esperando que ahí se resuelvan, ese es su trabajo.

HIGHLIGHTS

Las personas no son malas por no hacer lo que queremos.

EL LOVESPLAINING

A mí el amor me provoca angustia. No entiendo cómo todavía la gente cree que el tema del amor es algo más del orden de la belleza, cuando en realidad tiene más que ver con lo inevitable.

No puedo amar porque es como una droga, así que seguramente yo no sé lo que es el amor. Lo que si tengo claro es que nadie se enamora de nosotras. Se enamoran de lo que sienten cuando están con nosotras. Todo es una coincidencia. El amor no viene de alguien más, el amor es algo que nosotros emanamos al mundo y que sentimos PORQUE LO ESTAMOS DANDO NO PORQUE LO ESTAMOS RECIBIENDO.

Que nos expresen amor, que nos lo demuestren nos da la validación que necesitamos. Pero experimentamos amor cuando lo generamos, cuando lo invocamos. Por esto las personas que no dan nada nunca se enamoran.

Quieren que las amen a pesar de que ustedes no se aman a sí mismas. Tener actos de amor con uno mismo no es actuar desde el egoísmo, es actuar desde la honestidad porque voy a compartir este amor que hay en mí, no estoy esperando que alguien más venga a quererme.
Así como nunca debes aceptar de los demás cosas que tú

no harías, de igual manera no te vas a tratar a ti misma con menos atenciones que las que tendrías con alguien de quien estás enamorada.

Enamórate de ti con todo lo que esto significa. Sé que suena bien cursi pero no importa. No importa si al principio estás actuando. Tu cuerpo se acostumbrará.

Recibir amor es el camino al corazón de los demás. Aprendan a recibir muestras de afecto y sean sinceras, no disfracen sus deseos de amor que por eso se confunden.

El amor no es algo que encontramos, es algo que compartimos con alguien que es afín para hacer un equipo. Cuando comprendemos que es de la relación y no de la persona de donde vamos a obtener gratificación, vamos a poner más atención en lo que construimos a su lado.

Nadie se enamora de una. Lo sé, es difícil de aceptar pero es así. Se enamoran de la historia que se cuentan de ti. Por lo tanto, la fantasía siempre va a ser mejor que la realidad. No se trata de crear confianza, se trata de crear misterio e interés.

HIGHLIGHTS

El compromiso no es con la persona, es con la relación.

LA CASADA

La casada me falto al respeto muchas veces, pero como a mí me educaron las telenovelas, creía que si nos peleábamos era porque nos queríamos.

Lo que comenzó como "estoy separada" fue desbarrancando en "nada más vivimos juntas, pero entre nosotras ya no hay nada" y continuó con "te amo, pero no puedo dejarla" y "bueno, me enamoré de ti" a un "te recordaré siempre".

Yo justificaba todo en nombre del amor. Incluso aun cuando ya me había perdido todo el respeto a mí misma, tenía un montón de justificaciones inventadas. Sabía que me iban a romper el corazón, pero suponia que iba a valer la pena cuando en realidad nadie vale tanto.

Y así fue, porque y aquí va la primera lección que aplica a cualquier triángulo amoroso: Las personas casadas por lo general NO SE SEPARAN y menos porque te quieren mucho.

Estar con alguien casado es encontrarse en un lugar totalmente vulnerable porque es la otra persona la que va a decidir si sigue contigo o se queda con su esposa y no es que esté mal, pero la otra persona no lo está planteando así. Aunque tú ya sabes la respuesta, tú ya sabes que no va a dejar a su esposa, decides seguir ahí en este baile de mentiras en el que finges que lo crees y la otra persona finge que se va a divorciar. Así que deja de engañarte a ti misma ignorando las señales como en una novela en la que eres la víctima, así nada más sin haber hecho nada.

Vengo del futuro a sacarte de aquí. Si acaso esa persona en verdad se separara para estar contigo, al poco tiempo comenzarían a salir a la luz, todas esas cosas que terminaron con su relación anterior.

No pongo en duda lo sincero de su afecto hacia mí. Simplemente, era una persona que necesitaba sentirse deseada, pero su matrimonio le daba otras satisfacciones que yo no podía ofrecerle. Así que esta relación estaba condenada al fracaso desde un principio, porque ella se estaba relacionando conmigo a partir de lo que otra persona no le daba.

Ah pero como nos perdemos el respeto en relaciones así. El respeto a uno mismo es como esta cuestión de los límites. Siempre que pensamos en poner límites, pensamos que los límites son algo que se pone de aquí para allá, como si existiera una línea imaginaria que nos rodea y que los demás no van a poder traspasar. No, los límites se ponen de esa línea imaginaria para acá. Los límites no modifican la conducta de los demás, son una construcción para una misma.

Si tú, a pesar de todos los inconvenientes y tristezas que

te va a causar esta relación decides seguir adelante te sugiero evitar estos errores:

Ser su psicóloga. Que te cuente sus problemas y se desahogue contigo de todos los que tiene con su pareja. Tú estás ahí para pasarla bien. No son amigas, no aceptes que comparta detalles de su vida en pareja porque esto lo único que demuestra es que la relación que realmente le importa es la que tiene con su esposa.

Ser super comprensiva no será bueno para ti, porque el mensaje que estás mandando con esta actitud es que tú no importas.

Por lo general, tanto hombres como mujeres infieles suelen ponerse en un lugar de víctimas para tratar de quedar menos mal incluso frente a sí mismos, no hay que tomar esto muy personal.

Observa las conductas de esta persona. Observa como rompe los acuerdos que tiene con alguien más y así te vas a curar de esta pasión del mal. Si bien es cierto que eres responsable de tus actos, finalmente tú no le hiciste promesas a su esposa. IGNORA LO QUE TE DICE, JUZGA LOS HECHOS ÜNICAMENTE.

Todas las personas casadas que son infieles hacen todo lo posible para no ser descubiertas. No se quieren separar realmente. Únicamente están liberando la presión que vive en su relación principal contigo. Si no fueras tú, seria alguien más y seguro cuando ya no estés tú será con alguien más. Es muy probable que no seas la única.

No seas fiel con esta persona. Bueno esto creo que ni te lo tengo que explicar. Lo que sigue.

Contrario a lo que tú haces cuando escuchas sus penas, cuando hables de tus sentimientos no esperes comprensión. Desde el momento en que cuestiones esta relación te vas a convertir en un problema más que hay que evitar. Y no es que te haces la víctima, eres víctima de su cobardía.

No te enamores. Las promesas que salen de la boca de las personas casadas son producto de las ganas. Tampoco aquí hay que tomarse las cosas personales, porque te aseguro que de quien menos se trata es de ti.

Las personas infieles quieren tener otra vida, pero solo por un rato para después regresar a la seguridad de su pareja. No pueden ser sinceras, porque con lo que tiene contigo no le alcanza para todo lo que necesita para sí misma. La prueba es que siguen en sus casas son sus parejas mientras tú estás esperando un mensaje que no llega.

No porque te quieran eso quiere decir que están contigo. Tú estás sola y esta persona no está disponible emocionalmente. Aunque la relación con su pareja principal sea mala, eso no quiere decir que esté receptiva. Lo que es más, te aseguro que están más cerradas y a la defensiva, ya que vive en un permanente estado de disimulo.

Esto es como estar en una secta. Todo el mundo te

quiere ayudar a salir menos tu misma porque no puedes verlo. No esperes a que aparezca un conflicto para rescatarte de ahí. Esta es la corriente de autoayuda que si necesitamos.

Esta persona se casó con quien fue su persona favorita y si acaso la deja hará lo mismo contigo cuando encuentre a alguien que le guste más que tú.

Entiendo que a veces el deseo de dar el corazón es muy grande, pero dar el corazón es mucho.

En fin, amé a esta mujer. Creo que yo no sé como guardar este recuerdo, en qué lugar dejarlo que no sea ni un fracaso ni dejarlo como en un pedestal de algo que fue un amor importante y hermoso durante años.

Así que lo dejaré ser libre como nunca pudo ser para que si quiere se quede conmigo o para que se vaya como siempre lo hizo a sitios lejos de mí. Ya no es más un secreto.

Aprendan a acompañarse de lo que eligieron.

LA SOLEDAD

Así como existe el mandato de estar bien, existe el mandato de no estar sola. Las políticas que se imponen en este sentido son más del tipo arca de Noé. Tenemos que estar en pareja a como dé lugar.

Por otra parte, también se supone que una debe disfrutar la soledad o incluso que debemos aceptar que vivimos mejor estando solas. A veces, hasta parece que el amor es para personas mejores que uno.

Entre tantas mentiras que nos venden nos dicen que únicamente podremos estar completas si somos amadas y la verdad es que estar completas nada tiene que ver con el amor.

De tal suerte que se lanzan a exponerse a lugares a donde no llevarían algo que se puede romper y se unen a un casting de gente horrible siendo hermosas personas llenas de esperanza.

Pero a esta altura de la vida resulta que ya fingimos que no somos como somos y que queremos hacer cosas que en realidad no nos interesan. Ya no podemos estar con alguien que no tenga ganas de estar o que nos trate con desinterés.

Si piensas que ya no estás dispuesta a perder más tiempo conociendo personas es comprensible. Porque una sabe que es fabulosa y la gente no es fabulosa.

Lo sé porque en cuanta más gente conozco más entiendo que la probabilidad de encontrar a alguien con quien compartir mi vida es muy muy escasa. Sin embargo, eso no significa que no me encuentre intentándolo o que no me divierta.

No se trata de renunciar a la sensación de seguridad que nos da el otro inclinándonos hacia el extremo creyendo que no necesitamos de nada ni de nadie, eso no es saludable. Tu necesidad de sentirte amada está bien y tu necesidad de sentir la presencia de otra persona en tu vida está bien. Pero no hay peor iniciativa que desear enamorarte porque te sientes sola. Únicamente debes salir a conocer personas cuando te sientes muy bien contigo misma, cuando has hecho tu trabajo y sabes que no hay mejor partido que tú, que eres invaluable.

Si no aprendes a disfrutar de tu propia compañía los demás no van a disfrutarla tampoco. Lo que nos damos a nosotros mismos es lo mismo que los demás nos van a dar. Si pongo la atención en mí, los demás van a poner su atención en mí.

Acepten que estamos solos todo el tiempo porque la vida es una experiencia íntima y privada que es distinta y única para cada uno. Me gusta pensar que todos estamos solos, pero por lo menos todos estamos juntos.

Cuando yo no había aprendido a leer las circunstancias que me tocaron vivir, lloraba por la noches porque no entendía como había llegado hasta ahí. Daba las buenas noches a la nada antes de apagar la luz y llegaba a mi casa gritando que ya había llegado como cuando estaba casada y tenía perro. Mi vida era muy difícil porque padecía la soledad como si fuese un castigo.

Tomaba todas las pastillas que les recetaban sus psiquiatras a mis amigas y se los agradezco, porque era estar drogada o estar muerta.

Salía a correr todos los días y esto me transformó poco a poco. No lo hacía por tener el cuerpo que tengo ahora, ni siquiera me daba cuenta. Lo hacía para no estar sola en mi casa y ese hábito cambió mi vida. No les estoy diciendo que el ejercicio sea la respuesta porque me salió sin querer, no sé como, pero funciona y de alguna manera dejé de pelearme conmigo misma. Fui haciéndome amiga de mi cuerpo y de mi casa y del tiempo que tenía para mí.

Yo también quería regresar con mi ex, pero trabajé tanto en mí misma y en mi crecimiento personal que dejó de importarme. Para mí extrañar a alguien o estar enojado o estar triste es como estar borracho. Ya lo estás, solamente queda esperar a que se te pase porque no puedes evitarlo.

Cuando te dedicas a trabajar en ti misma y comienzas a

darte cuenta de como esto tiene la capacidad para transformar tu entorno de manera real, ya no te interesa regresar al pasado.

Tu amor será un lugar donde tus ganas de estar con alguien no serán mayores que tu capacidad de soportar cosas que no quieres. Ya no.

El amor se hizo mío. Me hice amiga de la soledad y entonces ella me ayudó a crecer y a dejar atrás el dolor y el pasado.

Rechacen vivir en modo espera porque nadie va a venir por nosotras ni nos va a rescatar. No esperen personas perfectas porque no existen. Si se sienten abandonadas van a convertirse en víctimas de un montón de cosas. No importa que la gente se vaya, nunca se abandonen a ustedes mismas.

Cuando vives la soledad con dignidad, los demás se sienten cómodos y felices en tu compañía sin que tengas que hacer nada en especial, porque cuanto más feliz eres más necesitas que las otras personas lo sean. El mensaje eres tú, lo que transmites con tu presencia. Es como una flor. La flor está ahí únicamente y percibimos su belleza sin que ella tenga que hacer algo, todo es agradable y natural.

HIGHLIGHTS

No le regalen felicidad a cualquiera.

EL MATRIMONIO

Las únicas personas que se quieren casar son las que no se han casado antes.

Aunque el reconocimiento ante la ley siempre es muy útil, me parece que fue un deseo muy menor de algunos muy románticos, algo que a mí no me sirve.

Hasta sospecho que nos dieron el matrimonio para que no se nos ocurra pedir algo que si nos toque a todos y que si importe. Como menos discriminación efectiva y ya que ahora se acostumbra a cubrir cuotas por existir, quisiera menos gente gay en las series y más gente gay con talento en otros ámbitos de la vida pública. Pero bueno, ahora nos podemos casar.

Había algunas cosas más urgentes que casarse. Miren, yo soy tauro con ascendente en tauro, luna en tauro y venus en cáncer. Hasta para mí es una pendejada eso del matrimonio igualitario.

Quiero derechos para mi solita. Derechos que no estén vinculados con alguien más o con algo tan efímero como es el amor.

Se democratizó la desgracia, pero ¿sabes?, todas deberíamos casarnos, aunque sea una vez en la vida. Creo que todos merecemos aunque sea intentarlo. Es hermoso creer en eso. Es hermoso casarse enamorada, aunque la verdad se case más gente de la que debería.

HIGHLIGHTS

Si vas a ser esposa trofeo, que sea de los primero lugares.

EL DINERO

Que estén contigo por dinero me parece admirable la verdad. Los hombres lo han hecho durante siglos. Cuantos hombres desagradables hay que tienen relaciones con mujeres muy bellas únicamente por su dinero. No parece tan inmoral cuando lo hace un hombre.

Es muy satisfactorio compartir lo que tenemos, pero lo tuyo es tuyo y no hay que dar de más. Por ejemplo: No le vas a pagar la maestría a tu noviecilla de 28 años porque te respetas y sabes que en unos años más no te va a llamar ni en tu cumpleaños.

Hay que tener cuidado con esto, porque es un hecho que para la gente el dinero es más valioso de lo que es en realidad.

Por lo tanto, no gastes mucho porque si lo haces estás comunicando que tú no vales y que tienes que compensar con dinero porque con lo que eres no alcanza.

Ahora bien, más allá de los acuerdos con el dinero y sus combinaciones, tengan una vida plena sobre todo, porque cuando tengan una vida plena van a poder aportar más a los demás para que tengan vidas felices sin que les cueste.

Pero si estás relacionándote desde la ansiedad y desde la necesidad, siempre vas a estar frustrada porque vas a sentir que estás dando de más y te quedaras esperando recibir algo que no va a llegar.

Entre más necesitas de afuera, más te olvidas de ti misma.

Se trata de compartir nada más porque nos hace felices. Ya está, nadie nos debe nada. Si a alguien no le gustas lo suficiente, únicamente te va a querer usar. Nunca pretendas conquistar a alguien con regalos porque esto lejos de mostrar interés, puede hacerte ver como alguien muy necesitada.

Yo soy la prueba de que si le compras una casa y mantienes a su familia, no por eso te va a querer. No te va a querer más porque le compres un auto. Al contrario, se ve mal. Las mujeres nos burlamos de las personas que nos hacen regalos muy caros, no es atractivo ser así.

Alguna vez tuve una novia que me pagaba todo y me hacía regalos carísimos. Podríamos pensar que ese era el valor que tenía para ella, que yo valía oro. Pero a mí me molestaba porque me transmitía con ese regalo toda su necesidad de ser importante para mí. Esa mujer creo que jamás ha tenido una novia, todas han sido novias de su dinero.

Demuéstrale que estás abierta a compartir permitiendo

que se te acerque, poniendo atención a lo que hace, recordando lo que te dice. Las mujeres reaccionamos de acuerdo con lo que aprendemos del trato que nos dan los demás. Si le enseñaste que tú siempre pagas después no supongas que es interesada.

No tengas miedo, te van a amar por quién eres si eliges bien que parte de ti vas a mostrar. Es mejor demostrar que eres alguien que sabe amar siendo recíproca que dándolo todo sin más porque estás enamorada.

HIGHLIGHTS

La única moneda de cambio es tu atención.

LA PAREJA

Si no eres feliz ahora, no vas a ser feliz cuando estés en pareja. Por esto es importante encontrar a alguien que se encuentre bien desde antes. Porque ser pareja es un trabajo, pero no un trabajo que haces para el otro.

Las relaciones son disciplina. Así que para empezar renuncien a la idea de que tienen que hacer feliz a alguien. Eso queda muy lejos. Haz las cosas porque entiendes que es bueno para la relación y porque eso te hace feliz a ti.

EL AMOR TIENE QUE SER PRÁCTICO. Tiene que ser cómodo, natural, sin complicaciones innecesarias.

A la pareja hay que darle experiencias emocionantes. Experiencias divertidas sin sobre convivir. Hay que darse mucho espacio y es difícil porque en cuanto más tiempo tengan juntas, más esfuerzo hay que hacer por mantener la distancia que necesita la relación para mantenerse saludable.

Darse espacio mantiene la curiosidad. La convivencia en exceso hermana a las personas.

Aprende a administrar tu cercanía y tu espacio personal

de manera que el contacto contigo no se convierta en algo común, conviértelo en algo especial.

Tampoco tienen que decir todo lo que pasa. No le tienes que contar todas tus cosas ni todos tus planes, ni hace falta explicar de más todo lo que sientes. A los demás no les importa lo que sientes, les importa lo que ellos sienten. Es una mentira que la comunicación es mejor en cuanto más se hablan las cosas dentro de la pareja. La comunicación es saludable cuando se habla de lo que a la pareja refiere y reservamos lo que es de uno mismo. La comunicación no es hablando porque la gente miente, la comunicación, la conversación que tenemos con el otro siempre es a través de lo que hacemos.

No maten las relaciones asfixiándolas. No agobien al otro contándole todos sus problemas y conflictos si no puede ayudarles a resolverlos. No le traten como a un bote de basura.

Jamás dejes de hacer cosas para ti. Mantén tus proyectos y metas más allá de tu relación de pareja de manera que si termina, no sientas que te arrebatan una parte de tu vida. Recuerda que las personas cercanas a ti, son tus invitados y pueden dejar de serlo cuando así lo decidas.

Permite que sea la otra persona la que plantee lo que necesita de manera que no tengas que ir empujando la relación, adivinando si esto o aquello le aporta valor.

El amor es como el dinero, hay que saber administrarlo.

En la línea del tiempo de la relación supongamos que el amor tiene una caducidad porque ya bien sabemos que no es eterno.

De ti depende si te lo gastas en seis meses o si te dura diez años o toda la vida. ¿Cómo? No dejando de invertir en la relación. El interés puede permanecer a lo largo de toda la relación si sabes cómo construirlo y como administrarlo.

Renuncien a la idea de que toda la vida deben tener amor. El amor si existe, pero no es hacia alguien más y ser fiel tampoco es ser fiel a alguien más, es ser fiel a una misma.

HIGHLIGHTS

Valora mucho que ella entiende que tu familia está loca.

EXISTE GENTE A LA QUE
NO LE GUSTA EL CHOCOLATE

Mientras que el enamoramiento es algo sencillo la seducción es un juego muy muy largo.

En primer lugar, nada se conquista desde la debilidad. Nada. Tampoco conversando. Nadie se enamora platicando. Entiendo que a nosotras las mujeres nos encanta hablar de todo lo que sentimos y de todo lo que nos pasa, pero la comunicación será siempre más eficiente si actúas las cosas en lugar de hablarlas.

Ninguna mujer desea lo que ya conoce. Las mujeres deseamos únicamente aquello en lo que depositamos expectativas. No nos vamos a enamorar de ti en cuanto más te conozcamos, al contrario. En cuanto más hablas de ti más estás diciendo que no eres eso que la otra persona necesita. Vas a ser la mujer más perfecta en cuanto menos sepamos como eres porque una vez más: La fantasía es más poderosa que la realidad.

Tampoco es verdad que para tener la atención de las mujeres hay que ser guapa o tener dinero, ninguna de las dos. Es la manera en la que te percibes a ti misma lo que es atractivo. Las mujeres no nos fijamos tanto en el atractivo físico como en el comportamiento de las personas.

No hagas cosas para agradar al otro. No busques esa gratificación inmediata porque las cosas que valen la pena toman tiempo. No te entregues a tus emociones porque si haces cosas para atraer la atención de quien sea, estás expresando ansiedad.

No busquen generar afecto en las mujeres. Cada acto en el que generan afecto les resta atractivo, por esto es que después las quieren mucho pero ya no se gustan. Que nunca se sientan seguras de ustedes. NO SEAN LINDAS porque a nadie le atrae esa actitud, sean impredecibles y fantásticas. No sean únicamente la mejor versión de sí mismas, sean la versión más extraña.

La comunicación al igual que la gratificación, debe ser intermitente de tal manera que subas el valor de tu atención. No estén ahí pendientes todo el tiempo.

No vas a convencer a nadie de que eres la mejor diciendo que eres la mejor. No estamos buscando aceptación. Recuerda que el valor personal es algo que se comunica con acciones concretas.

Mientras no adquieras las cualidades que admiras en las personas que te atraen, vas a seguir siendo invisible para ellas. Así que si no cambias no se van a encontrar, no te van a reconocer.

No quieras ser su amiga porque nadie se enamora de sus amigas. Nadie sale de la friendzone y menos si tú solita te metiste ahí. Piensan que eventualmente se van a enamorar de ustedes si las conocen mejor y si son sus confidentes y no, eso no pasa nunca. No le vas a interesar a todo el mundo y eso está bien, no lo tomes personal. Piensa que hay gente a la que no le gusta el chocolate ¡el chocolate! Que nos queda a nosotras que somos simples personas.

Si salieron dos o tres veces y no pasó nada ya no va a pasar nada. Es bueno saberlo porque así no pierdes tu tiempo ahí, no insistas, no te mientas.

Las mujeres nos enamoramos de lo que sentimos estando con el otro y las amigas son amigas. Por hacer esto después les dicen "ay que linda, como me gustaría encontrar a alguien como tú".

HIGHLIGHTS

Dar mucho afecto y confianza te puede restar atractivo.

EL SEXO

El sexo es de esas cosas en las que existen muchas ideas acerca de como debe ser. Vamos, como en todos los ámbitos de la vida de las mujeres.

Contrario a lo que se cree acerca de que el sexo entre lesbianas es increíble y maravilloso por el solo hecho de tener el mismo cuerpo y estar familiarizadas con lo que nos gusta, la realidad es que la mayoría se desempeña bastante mal.

Yo tampoco sabía hacerlo bien, pensaba que bastaba con estar ahí para que las cosas sucedieran. Desde aquí una disculpa a las involucradas.

¿Quieres tener aura de rockstar? Ser buena en esto es algo que incrementa tu valor al infinito y te convierte en la mujer más deseada.

Hay poca información, así que es algo que se aprende haciéndolo, haciéndolo mucho. El porno lo hacen hombres heterosexuales para hombres heterosexuales, así que no sirve para aprender nada. Los libros tampoco.

Tienes que tener aspiraciones porque esto es una vocación y es parte de mi apostolado en este lugar recordarles cada cierto tiempo este dato. No basta con ser bonita o romántica, lo que es más no hace falta.

Pero para ser experta te tiene que gustar. Si alguna de las dos partes no desea tener sexo, esto no quiere decir que esa persona tenga un problema. Pero si el sexo es lo que les sostiene, por más que te guste la otra persona o por más que la ames si no desean lo mismo, siempre van a sentir que les falta algo.

Entonces hay que entender cuando las cosas son un conflicto que va a pasar o cuando es algo que ya se instaló como un problema. Las mujeres aceptamos hacer cosas que no nos gustan porque estamos educadas para tolerar y justificar, y tenemos la tendencia a hacer a un lado nuestros deseos con relativa facilidad se trate de sexo o de cualquier otra cosa.

Disfruten ese periodo al principio cuando quieren estar juntas todo el tiempo. Esa emoción del enamoramiento dura muy poco así que mejor alárgalo tanto como se pueda. Aquí es donde tienes que evitar estar disponible en todo momento.

HIGHLIGHTS

Lo que sostiene las relaciones es la atracción no el sexo. Incluso llegamos a estar con personas que no nos convienen por mera atracción. Piensa en esto.

¿Qué haces pensando en esa mujer y no en tus cosas? Pensar mucho en alguien más no es sano. No sean adictas a la atención y a la validación. Recuerden que si la regalan el valor de su atención se deprecia.

Tu atención debe estar en mantenerte interesante dentro de la relación no en la otra persona. ¿Cómo se logra mantener el interés? Incrementando tu valor.

Ejemplo: Si comes bien y haces ejercicio tu salud va a mejorar, por lo tanto, tu aspecto va a mejorar. Leer no te convierte en alguien interesante, yo soy la prueba de eso, pero te da otras referencias que por lo menos entretienen.

No existe eso de conquistar a una mujer. A nadie se le convence y menos hablando. No se puede. Ella tiene que decidir que quiere estar contigo. No hay ningún objeto o regalo o frase que pueda persuadirnos. Lo que nos interesa a las mujeres es que nos muestren quienes son no que nos los platiquen.

Eviten a toda costa el aburrimiento. Las emociones y la

diversión no son nada más en el periodo de la conquista, deben generarse toda la relación. Si ustedes se dedican únicamente a ver series juntas o si se ven todos los días, es posible que la relación se estanque.

Las relaciones de pareja son para compartir experiencias positivas no para resolver conflictos. Es un malentendido cultural. Los conflictos que todos tenemos en la vida se resuelven fuera de la pareja. Las relaciones son para hacer equipo, para divertirse, para acompañarse, para cuidarse mutuamente. Las relaciones no son para cambiar a las personas, son para crecer.

Los seres humanos no queremos a las personas que no se respetan y admiramos a los que si lo hacen. Si tienes años pensando que vas a construir una relación de calidad faltándote al respeto haciendo todo lo que ellas quieren vas a fracasar.

Proponte ser un mes de esta otra manera. No pierdes nada con intentarlo, siempre puedes regresar a ser la versión de ti que eres ahora.

Y no es que la felicidad este esperando a esa nueva versión de ti, es que ya está aquí. No pertenece al futuro solo tienes que reconocerla. Justo ahora eres esa mejor versión. No eres la mejor en comparación con alguien más o con quien serás en un futuro, eres la mejor versión de ti ahora.

Imagínate quien serías en cinco años y las cosas que lograrías si decides comenzar a trabajar en ti y en re-

cuperar tu poder en lugar de extrañar a alguien o de pre-
ocuparte por estas cosas del amor.
El amor no es algo que va a suceder, el amor ya está aquí,
ya lo tienes, no viene de fuera.

HIGHLIGHTS

Santo que no es visto es más adorado.

HAGASE MI VOLUNTAD

Si yo hubiera invertido toda esa energía que desperdicié en tantas relaciones que no funcionaron en ser una mejor persona desde hace años, no sé dónde estaría ahora. Gobernando Marte seguramente.

Conforme avanzas en el trabajo en ti misma, te das cuenta de que cambiar se trata justamente de disfrutar. Sabes que no eres feliz únicamente cuando alguien te ama, es más bien es al revés: Las personas te aman porque eres una persona feliz.

Una vez más te lo digo: El amor no es lo más importante en esta vida. Esta búsqueda eterna y sin sentido nos distrae de darle un rumbo correcto a nuestras vidas. A diferencia del amor romántico, todo lo que construimos en nosotras sí estará ahí. Lo que somos nos acompañará toda la vida.

Cuando reconozcas tu valor, cuando hagas cosas que te demuestren que estás creciendo, ya no será relevante para ti probarles a las personas de tu pasado lo equivocadas que estaban porque es algo que ya se va a poder ver.

Entiendo que te dé miedo. De hecho, si crees que no

puedes introducir nuevas ideas porque tienes dudas comienza a hacer pequeños cambios. Uno mañana, otro la próxima semana, de manera que poco a poco comiences a notarlo. Que se ordenen las emociones para no vivir a merced de los impulsos que nos llevan a querer regresar a la seguridad de buscar aprobación.

Si en algún momento piensas que no lo vas a lograr, sigue ese sentimiento de inseguridad hasta el pensamiento que lo creó y decide si su origen es real o es nuestra imaginación o nuestros instintos o las hormonas o mercurio retrógrado.

Aquí hay una regla muy sencilla. Los pensamientos que vienen de la ansiedad crean problemas, los pensamientos que no los resuelven.

Nadie va a venir a rescatarte, nadie va a venir a revisar dentro de ti a ver si ya estás lista. Puedes seguir ahí comiendo en tu cama mientras ves series e irte a dormir para abrir los ojos a otro día igual al anterior en este mismo planeta por otros años más. El tiempo va a pasar de todas maneras, hagas o no hagas algo por ti.

La única manera de predecir el futuro es haciendo cosas diferentes en el presente. No te acostumbres a vivir con malestar, si algo está mal tienes que levantarte y resolverlo.

Se trata de cambiarle los roles a la vida. Que se trate de lo que hacemos, no de tratar de controlarla todo el tiempo. Así un día te despiertas y ya estás del otro lado. Del tuyo para ser más específica.

Es mentira que el miedo nos protege. Lo que nos protege es la experiencia, lo que te va a proteger es la comprensión de los hechos de tu vida.

Creemos que si tenemos presente todo el tiempo eso que nos hizo tanto daño estamos evitando que se repita y no, más bien sigue alimentándose de nosotras impidiéndonos tener nuevas experiencias positivas.

El proceso de mejora no es ese hermoso viaje sanador que nos vendieron, es una constante y horrible decepción. Es un proceso incómodo y violento porque requiere mucha honestidad. Requiere que reconozcamos nuestros miedos y resistencias y que estemos dispuestas a trabajar para corregirlas.

Ahora escúchame, imagina que te estoy tomando de los hombros cuando te digo esto: Tienes que dejar de sujetar con tanta fuerza el pasado. Piensa ¿Qué haría esta versión mejorada de ti ante todo esto que es tu vida ahora? Esa versión que ahora ya está aquí luchando por salir es la que tiene que comenzar a tomar el control de tu vida. No es un extraño, eres tú. Una versión más sabia y exitosa. Permite que esta versión de ti se haga cargo de ahora en adelante.

¿No te parece que ha llegado la hora de hacer algo para ti?

Ser la mejor versión de ti no es algo en lo que te conviertes es algo a lo que te conectas. Ya tienes todo ese potencial contigo, confia en ti. Crecer toma tiempo, te tomó años formar a esta persona que eres hoy.

Entiende que no son las circunstancias sino quienes somos. Sí sucediera como en las películas, si cayeras en el cuerpo de alguien más con las limitaciones que vive esa persona seguramente las superarías. Si eres una persona que hace ejercicio y cuidas tu dieta y despiertas en el cuerpo de una persona sedentaria que no bebe agua ¿seguiría ese cuerpo siendo el de una persona sedentaria que no bebe agua? Yo creo que no.

Tienes que aprender a tratarte como tratarías a alguien que es tu responsabilidad. Aprópiate de ti misma con ese nivel de compromiso y cuidado y la vida se te va a revelar.

Este es el camino.

www.ingramcontent.com/pod-product-compliance
Lightning Source LLC
LaVergne TN
LVHW091615170726
843492LV00007B/2423